This
BOOK
BELONGS TO

_____
_____

DEDICATION

This Thoughts Journal log book is dedicated to all the people out there who want to track their thoughts and document their findings in the process.

You are my inspiration for producing books and I'm honored to be a part of keeping all of your random thoughts, notes, and records organized.

This journal notebook will help you record your details about your thoughts.

Thoughtfully put together with these sections to record:

Month, Date & Year, 3 Random Thoughts Of The Day, One Memory From Childhood, Music, Experiences, Good Deeds, and Random Doodle Of The Day.

HOW TO USE THIS BOOK

The purpose of this book is to keep all of your random thoughts and notes all in one place. It will help keep you organized.

This Thoughts Journal log will allow you to accurately document every detail about all of your thoughts for the day. It's a great way to chart your course through finding patterns in your thoughts.

Here are examples of the prompts for you to fill in and write about your experience in this book:

1. Month, Date & Year
2. Three Random Thoughts Of The Day
3. One Memory From My Childhood Days
4. What Music Did I Listen To Today?
5. One Experience I Had Today
6. One Good Deed I Did Today
7. A Random Doodle Of The Day

MONTH: **DATE:**

RANDOM THOUGHTS OF THE DAY

ONE RANDOM MEMORY FROM MY CHILDHOOD

_____
_____
_____

WHAT RANDOM MUSIC DID I LISTEN TO TODAY?

_____
_____

ONE RANDOM EXPERIENCE I HAD TODAY

_____
_____

ONE RANDOM GOOD DEED I DID TODAY

_____
_____

A RANDOM DOODLE OF THE DAY

MONTH: **DATE:**

RANDOM THOUGHTS OF THE DAY

ONE RANDOM MEMORY FROM MY CHILDHOOD

___

___

___

WHAT RANDOM MUSIC DID I LISTEN TO TODAY?

A RANDOM DOODLE OF THE DAY

___

___

___

ONE RANDOM EXPERIENCE I HAD TODAY

___

___

___

ONE RANDOM GOOD DEED I DID TODAY

___

___

MONTH: **DATE:**

RANDOM THOUGHTS OF THE DAY

ONE RANDOM MEMORY FROM MY CHILDHOOD

WHAT RANDOM MUSIC DID I LISTEN TO TODAY?

A RANDOM DOODLE OF THE DAY

ONE RANDOM EXPERIENCE I HAD TODAY

ONE RANDOM GOOD DEED I DID TODAY

MONTH: **DATE:**

RANDOM THOUGHTS OF THE DAY

ONE RANDOM MEMORY FROM MY CHILDHOOD

_____
_____
_____
_____

WHAT RANDOM MUSIC DID I LISTEN TO TODAY?

_____
_____

A RANDOM DOODLE OF THE DAY

ONE RANDOM EXPERIENCE I HAD TODAY

_____
_____
_____

ONE RANDOM GOOD DEED I DID TODAY

_____
_____

MONTH: **DATE:**

RANDOM THOUGHTS OF THE DAY

ONE RANDOM MEMORY FROM MY CHILDHOOD

_____
_____
_____

WHAT RANDOM MUSIC DID I LISTEN TO TODAY?

A RANDOM DOODLE OF THE DAY

_____
_____

ONE RANDOM EXPERIENCE I HAD TODAY

_____
_____

ONE RANDOM GOOD DEED I DID TODAY

_____
_____

MONTH: **DATE:**

RANDOM THOUGHTS OF THE DAY

ONE RANDOM MEMORY FROM MY CHILDHOOD

_____
_____
_____

WHAT RANDOM MUSIC DID I LISTEN TO TODAY?

_____
_____

ONE RANDOM EXPERIENCE I HAD TODAY

_____
_____

ONE RANDOM GOOD DEED I DID TODAY

_____
_____

A RANDOM DOODLE OF THE DAY

MONTH: **DATE:**

RANDOM THOUGHTS OF THE DAY

ONE RANDOM MEMORY FROM MY CHILDHOOD

_____
_____
_____

WHAT RANDOM MUSIC DID I LISTEN TO TODAY?

A RANDOM DOODLE OF THE DAY

_____
_____

ONE RANDOM EXPERIENCE I HAD TODAY

_____
_____

ONE RANDOM GOOD DEED I DID TODAY

_____
_____

MONTH: **DATE:**

RANDOM THOUGHTS OF THE DAY

ONE RANDOM MEMORY FROM MY CHILDHOOD

_____
_____
_____

WHAT RANDOM MUSIC DID I LISTEN TO TODAY?

A RANDOM DOODLE OF THE DAY

ONE RANDOM EXPERIENCE I HAD TODAY

ONE RANDOM GOOD DEED I DID TODAY

MONTH: **DATE:**

RANDOM THOUGHTS OF THE DAY

ONE RANDOM MEMORY FROM MY CHILDHOOD

_____
_____
_____

WHAT RANDOM MUSIC DID I LISTEN TO TODAY?

_____
_____

A RANDOM DOODLE OF THE DAY

ONE RANDOM EXPERIENCE I HAD TODAY

_____
_____
_____

ONE RANDOM GOOD DEED I DID TODAY

_____
_____
_____

MONTH: **DATE:**

RANDOM THOUGHTS OF THE DAY

ONE RANDOM MEMORY FROM MY CHILDHOOD

_____
_____
_____

WHAT RANDOM MUSIC DID I LISTEN TO TODAY?

A RANDOM DOODLE OF THE DAY

_____
_____

ONE RANDOM EXPERIENCE I HAD TODAY

_____
_____

ONE RANDOM GOOD DEED I DID TODAY

_____
_____

MONTH: **DATE:**

RANDOM THOUGHTS OF THE DAY

ONE RANDOM MEMORY FROM MY CHILDHOOD

_____
_____
_____

WHAT RANDOM MUSIC DID I LISTEN TO TODAY?

A RANDOM DOODLE OF THE DAY

ONE RANDOM EXPERIENCE I HAD TODAY

ONE RANDOM GOOD DEED I DID TODAY

MONTH: **DATE:**

RANDOM THOUGHTS OF THE DAY

ONE RANDOM MEMORY FROM MY CHILDHOOD

___

___

___

WHAT RANDOM MUSIC DID I LISTEN TO TODAY?

___

___

ONE RANDOM EXPERIENCE I HAD TODAY

___

___

ONE RANDOM GOOD DEED I DID TODAY

___

___

A RANDOM DOODLE OF THE DAY

MONTH: **DATE:**

RANDOM THOUGHTS OF THE DAY

ONE RANDOM MEMORY FROM MY CHILDHOOD

_____
_____
_____

WHAT RANDOM MUSIC DID I LISTEN TO TODAY?

_____
_____
_____

A RANDOM DOODLE OF THE DAY

ONE RANDOM EXPERIENCE I HAD TODAY

_____
_____
_____

ONE RANDOM GOOD DEED I DID TODAY

_____
_____
_____

MONTH: **DATE:**

RANDOM THOUGHTS OF THE DAY

ONE RANDOM MEMORY FROM MY CHILDHOOD

_____
_____
_____

WHAT RANDOM MUSIC DID I LISTEN TO TODAY?

A RANDOM DOODLE OF THE DAY

ONE RANDOM EXPERIENCE I HAD TODAY

ONE RANDOM GOOD DEED I DID TODAY

MONTH: **DATE:**

RANDOM THOUGHTS OF THE DAY

ONE RANDOM MEMORY FROM MY CHILDHOOD

WHAT RANDOM MUSIC DID I LISTEN TO TODAY?

A RANDOM DOODLE OF THE DAY

ONE RANDOM EXPERIENCE I HAD TODAY

ONE RANDOM GOOD DEED I DID TODAY

MONTH: **DATE:**

RANDOM THOUGHTS OF THE DAY

ONE RANDOM MEMORY FROM MY CHILDHOOD

_____
_____
_____

WHAT RANDOM MUSIC DID I LISTEN TO TODAY?

_____
_____

ONE RANDOM EXPERIENCE I HAD TODAY

_____
_____

ONE RANDOM GOOD DEED I DID TODAY

_____
_____

A RANDOM DOODLE OF THE DAY

MONTH: **DATE:**

RANDOM THOUGHTS OF THE DAY

ONE RANDOM MEMORY FROM MY CHILDHOOD

_____
_____
_____

WHAT RANDOM MUSIC DID I
LISTEN TO TODAY?

A RANDOM DOODLE OF THE
DAY

_____
_____

ONE RANDOM EXPERIENCE I
HAD TODAY

_____
_____
_____

ONE RANDOM GOOD DEED I
DID TODAY

_____
_____

MONTH: **DATE:**

RANDOM THOUGHTS OF THE DAY

ONE RANDOM MEMORY FROM MY CHILDHOOD

WHAT RANDOM MUSIC DID I LISTEN TO TODAY?

A RANDOM DOODLE OF THE DAY

ONE RANDOM EXPERIENCE I HAD TODAY

ONE RANDOM GOOD DEED I DID TODAY

MONTH: **DATE:**

RANDOM THOUGHTS OF THE DAY

ONE RANDOM MEMORY FROM MY CHILDHOOD

_____

_____

_____

WHAT RANDOM MUSIC DID I LISTEN TO TODAY?

A RANDOM DOODLE OF THE DAY

_____

_____

_____

ONE RANDOM EXPERIENCE I HAD TODAY

_____

_____

_____

ONE RANDOM GOOD DEED I DID TODAY

_____

_____

_____

MONTH: **DATE:**

RANDOM THOUGHTS OF THE DAY

ONE RANDOM MEMORY FROM MY CHILDHOOD

_____
_____
_____

WHAT RANDOM MUSIC DID I LISTEN TO TODAY?

A RANDOM DOODLE OF THE DAY

_____
_____

ONE RANDOM EXPERIENCE I HAD TODAY

_____
_____

ONE RANDOM GOOD DEED I DID TODAY

_____
_____

MONTH: **DATE:**

RANDOM THOUGHTS OF THE DAY

ONE RANDOM MEMORY FROM MY CHILDHOOD

_____

_____

_____

WHAT RANDOM MUSIC DID I LISTEN TO TODAY?

A RANDOM DOODLE OF THE DAY

_____

_____

ONE RANDOM EXPERIENCE I HAD TODAY

_____

_____

ONE RANDOM GOOD DEED I DID TODAY

_____

_____

MONTH: **DATE:**

RANDOM THOUGHTS OF THE DAY

ONE RANDOM MEMORY FROM MY CHILDHOOD

WHAT RANDOM MUSIC DID I LISTEN TO TODAY?

A RANDOM DOODLE OF THE DAY

ONE RANDOM EXPERIENCE I HAD TODAY

ONE RANDOM GOOD DEED I DID TODAY

MONTH: **DATE:**

RANDOM THOUGHTS OF THE DAY

ONE RANDOM MEMORY FROM MY CHILDHOOD

_____
_____
_____

WHAT RANDOM MUSIC DID I LISTEN TO TODAY?

A RANDOM DOODLE OF THE DAY

_____
_____

ONE RANDOM EXPERIENCE I HAD TODAY

_____
_____

ONE RANDOM GOOD DEED I DID TODAY

_____
_____

MONTH: **DATE:**

RANDOM THOUGHTS OF THE DAY

ONE RANDOM MEMORY FROM MY CHILDHOOD

_____
_____
_____

WHAT RANDOM MUSIC DID I LISTEN TO TODAY?

A RANDOM DOODLE OF THE DAY

ONE RANDOM EXPERIENCE I HAD TODAY

ONE RANDOM GOOD DEED I DID TODAY

MONTH: **DATE:**

RANDOM THOUGHTS OF THE DAY

ONE RANDOM MEMORY FROM MY CHILDHOOD

_____
_____
_____

WHAT RANDOM MUSIC DID I LISTEN TO TODAY?

A RANDOM DOODLE OF THE DAY

ONE RANDOM EXPERIENCE I HAD TODAY

ONE RANDOM GOOD DEED I DID TODAY

MONTH: **DATE:**

RANDOM THOUGHTS OF THE DAY

ONE RANDOM MEMORY FROM MY CHILDHOOD

WHAT RANDOM MUSIC DID I LISTEN TO TODAY?

A RANDOM DOODLE OF THE DAY

ONE RANDOM EXPERIENCE I HAD TODAY

ONE RANDOM GOOD DEED I DID TODAY

MONTH: **DATE:**

RANDOM THOUGHTS OF THE DAY

ONE RANDOM MEMORY FROM MY CHILDHOOD

WHAT RANDOM MUSIC DID I LISTEN TO TODAY?

ONE RANDOM EXPERIENCE I HAD TODAY

ONE RANDOM GOOD DEED I DID TODAY

A RANDOM DOODLE OF THE DAY

MONTH: **DATE:**

RANDOM THOUGHTS OF THE DAY

ONE RANDOM MEMORY FROM MY CHILDHOOD

WHAT RANDOM MUSIC DID I LISTEN TO TODAY?

A RANDOM DOODLE OF THE DAY

ONE RANDOM EXPERIENCE I HAD TODAY

ONE RANDOM GOOD DEED I DID TODAY

MONTH: **DATE:**

RANDOM THOUGHTS OF THE DAY

ONE RANDOM MEMORY FROM MY CHILDHOOD

_____
_____
_____

WHAT RANDOM MUSIC DID I LISTEN TO TODAY?

A RANDOM DOODLE OF THE DAY

_____
_____
_____

ONE RANDOM EXPERIENCE I HAD TODAY

_____
_____
_____

ONE RANDOM GOOD DEED I DID TODAY

_____
_____
_____

MONTH: **DATE:**

RANDOM THOUGHTS OF THE DAY

ONE RANDOM MEMORY FROM MY CHILDHOOD

WHAT RANDOM MUSIC DID I LISTEN TO TODAY?

A RANDOM DOODLE OF THE DAY

ONE RANDOM EXPERIENCE I HAD TODAY

ONE RANDOM GOOD DEED I DID TODAY

MONTH: **DATE:**

RANDOM THOUGHTS OF THE DAY

ONE RANDOM MEMORY FROM MY CHILDHOOD

WHAT RANDOM MUSIC DID I LISTEN TO TODAY?

A RANDOM DOODLE OF THE DAY

ONE RANDOM EXPERIENCE I HAD TODAY

ONE RANDOM GOOD DEED I DID TODAY

MONTH: **DATE:**

RANDOM THOUGHTS OF THE DAY

ONE RANDOM MEMORY FROM MY CHILDHOOD

_____
_____
_____

WHAT RANDOM MUSIC DID I LISTEN TO TODAY?

_____
_____
_____

ONE RANDOM EXPERIENCE I HAD TODAY

_____
_____
_____

ONE RANDOM GOOD DEED I DID TODAY

_____
_____
_____

A RANDOM DOODLE OF THE DAY

MONTH: **DATE:**

RANDOM THOUGHTS OF THE DAY

ONE RANDOM MEMORY FROM MY CHILDHOOD

_____
_____
_____

WHAT RANDOM MUSIC DID I LISTEN TO TODAY?

A RANDOM DOODLE OF THE DAY

_____
_____
_____

ONE RANDOM EXPERIENCE I HAD TODAY

_____
_____
_____

ONE RANDOM GOOD DEED I DID TODAY

_____
_____
_____

MONTH: **DATE:**

RANDOM THOUGHTS OF THE DAY

ONE RANDOM MEMORY FROM MY CHILDHOOD

WHAT RANDOM MUSIC DID I LISTEN TO TODAY?

A RANDOM DOODLE OF THE DAY

ONE RANDOM EXPERIENCE I HAD TODAY

ONE RANDOM GOOD DEED I DID TODAY

MONTH: **DATE:**

RANDOM THOUGHTS OF THE DAY

ONE RANDOM MEMORY FROM MY CHILDHOOD

___

WHAT RANDOM MUSIC DID I LISTEN TO TODAY?

A RANDOM DOODLE OF THE DAY

ONE RANDOM EXPERIENCE I HAD TODAY

ONE RANDOM GOOD DEED I DID TODAY

MONTH: **DATE:**

RANDOM THOUGHTS OF THE DAY

ONE RANDOM MEMORY FROM MY CHILDHOOD

_____
_____
_____

WHAT RANDOM MUSIC DID I LISTEN TO TODAY?

A RANDOM DOODLE OF THE DAY

ONE RANDOM EXPERIENCE I HAD TODAY

ONE RANDOM GOOD DEED I DID TODAY

MONTH: **DATE:**

RANDOM THOUGHTS OF THE DAY

ONE RANDOM MEMORY FROM MY CHILDHOOD

WHAT RANDOM MUSIC DID I LISTEN TO TODAY?

A RANDOM DOODLE OF THE DAY

ONE RANDOM EXPERIENCE I HAD TODAY

ONE RANDOM GOOD DEED I DID TODAY

MONTH: **DATE:**

RANDOM THOUGHTS OF THE DAY

ONE RANDOM MEMORY FROM MY CHILDHOOD

_____
_____
_____

WHAT RANDOM MUSIC DID I LISTEN TO TODAY?

A RANDOM DOODLE OF THE DAY

ONE RANDOM EXPERIENCE I HAD TODAY

ONE RANDOM GOOD DEED I DID TODAY

MONTH: **DATE:**

RANDOM THOUGHTS OF THE DAY

ONE RANDOM MEMORY FROM MY CHILDHOOD

_____
_____
_____

WHAT RANDOM MUSIC DID I LISTEN TO TODAY?

A RANDOM DOODLE OF THE DAY

ONE RANDOM EXPERIENCE I HAD TODAY

ONE RANDOM GOOD DEED I DID TODAY

MONTH: **DATE:**

RANDOM THOUGHTS OF THE DAY

ONE RANDOM MEMORY FROM MY CHILDHOOD

WHAT RANDOM MUSIC DID I LISTEN TO TODAY?

A RANDOM DOODLE OF THE DAY

ONE RANDOM EXPERIENCE I HAD TODAY

ONE RANDOM GOOD DEED I DID TODAY

MONTH: **DATE:**

RANDOM THOUGHTS OF THE DAY

ONE RANDOM MEMORY FROM MY CHILDHOOD

_____
_____
_____

WHAT RANDOM MUSIC DID I LISTEN TO TODAY?

A RANDOM DOODLE OF THE DAY

_____
_____

ONE RANDOM EXPERIENCE I HAD TODAY

_____
_____

ONE RANDOM GOOD DEED I DID TODAY

_____
_____

MONTH: **DATE:**

RANDOM THOUGHTS OF THE DAY

ONE RANDOM MEMORY FROM MY CHILDHOOD

_____

_____

_____

WHAT RANDOM MUSIC DID I LISTEN TO TODAY?

_____

_____

ONE RANDOM EXPERIENCE I HAD TODAY

_____

_____

ONE RANDOM GOOD DEED I DID TODAY

_____

_____

A RANDOM DOODLE OF THE DAY

MONTH: **DATE:**

RANDOM THOUGHTS OF THE DAY

ONE RANDOM MEMORY FROM MY CHILDHOOD

_____
_____
_____

WHAT RANDOM MUSIC DID I LISTEN TO TODAY?

A RANDOM DOODLE OF THE DAY

ONE RANDOM EXPERIENCE I HAD TODAY

ONE RANDOM GOOD DEED I DID TODAY

MONTH: **DATE:**

RANDOM THOUGHTS OF THE DAY

ONE RANDOM MEMORY FROM MY CHILDHOOD

___

WHAT RANDOM MUSIC DID I LISTEN TO TODAY?

___

ONE RANDOM EXPERIENCE I HAD TODAY

___

ONE RANDOM GOOD DEED I DID TODAY

___

A RANDOM DOODLE OF THE DAY

MONTH: **DATE:**

RANDOM THOUGHTS OF THE DAY

ONE RANDOM MEMORY FROM MY CHILDHOOD

WHAT RANDOM MUSIC DID I LISTEN TO TODAY?

A RANDOM DOODLE OF THE DAY

ONE RANDOM EXPERIENCE I HAD TODAY

ONE RANDOM GOOD DEED I DID TODAY

MONTH: **DATE:**

RANDOM THOUGHTS OF THE DAY

ONE RANDOM MEMORY FROM MY CHILDHOOD

_____
_____
_____

WHAT RANDOM MUSIC DID I LISTEN TO TODAY?

A RANDOM DOODLE OF THE DAY

ONE RANDOM EXPERIENCE I HAD TODAY

ONE RANDOM GOOD DEED I DID TODAY

MONTH: **DATE:**

RANDOM THOUGHTS OF THE DAY

ONE RANDOM MEMORY FROM MY CHILDHOOD

_____
_____
_____

WHAT RANDOM MUSIC DID I LISTEN TO TODAY?

A RANDOM DOODLE OF THE DAY

_____
_____

ONE RANDOM EXPERIENCE I HAD TODAY

_____
_____

ONE RANDOM GOOD DEED I DID TODAY

_____
_____

MONTH: **DATE:**

RANDOM THOUGHTS OF THE DAY

ONE RANDOM MEMORY FROM MY CHILDHOOD

_____

_____

_____

WHAT RANDOM MUSIC DID I LISTEN TO TODAY?

A RANDOM DOODLE OF THE DAY

ONE RANDOM EXPERIENCE I HAD TODAY

ONE RANDOM GOOD DEED I DID TODAY

MONTH: **DATE:**

RANDOM THOUGHTS OF THE DAY

ONE RANDOM MEMORY FROM MY CHILDHOOD

_____
_____
_____

WHAT RANDOM MUSIC DID I LISTEN TO TODAY?

_____
_____

ONE RANDOM EXPERIENCE I HAD TODAY

_____
_____
_____

ONE RANDOM GOOD DEED I DID TODAY

_____
_____
_____

A RANDOM DOODLE OF THE DAY

MONTH: **DATE:**

RANDOM THOUGHTS OF THE DAY

ONE RANDOM MEMORY FROM MY CHILDHOOD

WHAT RANDOM MUSIC DID I LISTEN TO TODAY?

A RANDOM DOODLE OF THE DAY

ONE RANDOM EXPERIENCE I HAD TODAY

ONE RANDOM GOOD DEED I DID TODAY

MONTH: **DATE:**

RANDOM THOUGHTS OF THE DAY

ONE RANDOM MEMORY FROM MY CHILDHOOD

_____
_____
_____

WHAT RANDOM MUSIC DID I LISTEN TO TODAY?

A RANDOM DOODLE OF THE DAY

ONE RANDOM EXPERIENCE I HAD TODAY

ONE RANDOM GOOD DEED I DID TODAY

MONTH: **DATE:**

RANDOM THOUGHTS OF THE DAY

ONE RANDOM MEMORY FROM MY CHILDHOOD

___

WHAT RANDOM MUSIC DID I LISTEN TO TODAY?

A RANDOM DOODLE OF THE DAY

ONE RANDOM EXPERIENCE I HAD TODAY

ONE RANDOM GOOD DEED I DID TODAY

MONTH: **DATE:**

RANDOM THOUGHTS OF THE DAY

ONE RANDOM MEMORY FROM MY CHILDHOOD

WHAT RANDOM MUSIC DID I LISTEN TO TODAY?

A RANDOM DOODLE OF THE DAY

ONE RANDOM EXPERIENCE I HAD TODAY

ONE RANDOM GOOD DEED I DID TODAY

MONTH: **DATE:**

RANDOM THOUGHTS OF THE DAY

ONE RANDOM MEMORY FROM MY CHILDHOOD

WHAT RANDOM MUSIC DID I LISTEN TO TODAY?

A RANDOM DOODLE OF THE DAY

ONE RANDOM EXPERIENCE I HAD TODAY

ONE RANDOM GOOD DEED I DID TODAY

MONTH: **DATE:**

RANDOM THOUGHTS OF THE DAY

ONE RANDOM MEMORY FROM MY CHILDHOOD

_____
_____
_____

WHAT RANDOM MUSIC DID I LISTEN TO TODAY?

A RANDOM DOODLE OF THE DAY

ONE RANDOM EXPERIENCE I HAD TODAY

ONE RANDOM GOOD DEED I DID TODAY

MONTH: **DATE:**

RANDOM THOUGHTS OF THE DAY

ONE RANDOM MEMORY FROM MY CHILDHOOD

WHAT RANDOM MUSIC DID I LISTEN TO TODAY?

A RANDOM DOODLE OF THE DAY

ONE RANDOM EXPERIENCE I HAD TODAY

ONE RANDOM GOOD DEED I DID TODAY

MONTH: **DATE:**

RANDOM THOUGHTS OF THE DAY

ONE RANDOM MEMORY FROM MY CHILDHOOD

_____
_____
_____

WHAT RANDOM MUSIC DID I LISTEN TO TODAY?

A RANDOM DOODLE OF THE DAY

_____
_____

ONE RANDOM EXPERIENCE I HAD TODAY

_____
_____
_____

ONE RANDOM GOOD DEED I DID TODAY

_____
_____
_____

MONTH: **DATE:**

RANDOM THOUGHTS OF THE DAY

ONE RANDOM MEMORY FROM MY CHILDHOOD

_____
_____
_____

WHAT RANDOM MUSIC DID I LISTEN TO TODAY?

_____
_____
_____

ONE RANDOM EXPERIENCE I HAD TODAY

_____
_____
_____

ONE RANDOM GOOD DEED I DID TODAY

_____
_____
_____

A RANDOM DOODLE OF THE DAY

MONTH: **DATE:**

RANDOM THOUGHTS OF THE DAY

ONE RANDOM MEMORY FROM MY CHILDHOOD

_____
_____
_____

WHAT RANDOM MUSIC DID I LISTEN TO TODAY?

_____
_____

ONE RANDOM EXPERIENCE I HAD TODAY

_____
_____

ONE RANDOM GOOD DEED I DID TODAY

_____
_____

A RANDOM DOODLE OF THE DAY

MONTH: **DATE:**

RANDOM THOUGHTS OF THE DAY

ONE RANDOM MEMORY FROM MY CHILDHOOD

WHAT RANDOM MUSIC DID I LISTEN TO TODAY?

A RANDOM DOODLE OF THE DAY

ONE RANDOM EXPERIENCE I HAD TODAY

ONE RANDOM GOOD DEED I DID TODAY

MONTH: **DATE:**

RANDOM THOUGHTS OF THE DAY

ONE RANDOM MEMORY FROM MY CHILDHOOD

_____
_____
_____

WHAT RANDOM MUSIC DID I LISTEN TO TODAY?

A RANDOM DOODLE OF THE DAY

ONE RANDOM EXPERIENCE I HAD TODAY

ONE RANDOM GOOD DEED I DID TODAY

MONTH: **DATE:**

RANDOM THOUGHTS OF THE DAY

ONE RANDOM MEMORY FROM MY CHILDHOOD

_____

_____

_____

WHAT RANDOM MUSIC DID I LISTEN TO TODAY?

_____

_____

ONE RANDOM EXPERIENCE I HAD TODAY

_____

_____

_____

ONE RANDOM GOOD DEED I DID TODAY

_____

_____

A RANDOM DOODLE OF THE DAY

MONTH: **DATE:**

RANDOM THOUGHTS OF THE DAY

ONE RANDOM MEMORY FROM MY CHILDHOOD

_____
_____
_____

WHAT RANDOM MUSIC DID I LISTEN TO TODAY?

A RANDOM DOODLE OF THE DAY

ONE RANDOM EXPERIENCE I HAD TODAY

ONE RANDOM GOOD DEED I DID TODAY

MONTH: **DATE:**

RANDOM THOUGHTS OF THE DAY

ONE RANDOM MEMORY FROM MY CHILDHOOD

_____
_____
_____

WHAT RANDOM MUSIC DID I LISTEN TO TODAY?

A RANDOM DOODLE OF THE DAY

ONE RANDOM EXPERIENCE I HAD TODAY

ONE RANDOM GOOD DEED I DID TODAY

MONTH: **DATE:**

RANDOM THOUGHTS OF THE DAY

ONE RANDOM MEMORY FROM MY CHILDHOOD

_____
_____
_____

WHAT RANDOM MUSIC DID I LISTEN TO TODAY?

A RANDOM DOODLE OF THE DAY

ONE RANDOM EXPERIENCE I HAD TODAY

ONE RANDOM GOOD DEED I DID TODAY

MONTH: **DATE:**

RANDOM THOUGHTS OF THE DAY

ONE RANDOM MEMORY FROM MY CHILDHOOD

WHAT RANDOM MUSIC DID I LISTEN TO TODAY?

A RANDOM DOODLE OF THE DAY

ONE RANDOM EXPERIENCE I HAD TODAY

ONE RANDOM GOOD DEED I DID TODAY

MONTH: **DATE:**

RANDOM THOUGHTS OF THE DAY

ONE RANDOM MEMORY FROM MY CHILDHOOD

_____
_____
_____

WHAT RANDOM MUSIC DID I LISTEN TO TODAY?

A RANDOM DOODLE OF THE DAY

ONE RANDOM EXPERIENCE I HAD TODAY

ONE RANDOM GOOD DEED I DID TODAY

MONTH: **DATE:**

RANDOM THOUGHTS OF THE DAY

ONE RANDOM MEMORY FROM MY CHILDHOOD

WHAT RANDOM MUSIC DID I LISTEN TO TODAY?

A RANDOM DOODLE OF THE DAY

ONE RANDOM EXPERIENCE I HAD TODAY

ONE RANDOM GOOD DEED I DID TODAY

MONTH: **DATE:**

RANDOM THOUGHTS OF THE DAY

ONE RANDOM MEMORY FROM MY CHILDHOOD

_____
_____
_____

WHAT RANDOM MUSIC DID I LISTEN TO TODAY?

A RANDOM DOODLE OF THE DAY

_____
_____

ONE RANDOM EXPERIENCE I HAD TODAY

_____
_____

ONE RANDOM GOOD DEED I DID TODAY

_____
_____

MONTH: **DATE:**

RANDOM THOUGHTS OF THE DAY

ONE RANDOM MEMORY FROM MY CHILDHOOD

WHAT RANDOM MUSIC DID I LISTEN TO TODAY?

ONE RANDOM EXPERIENCE I HAD TODAY

ONE RANDOM GOOD DEED I DID TODAY

A RANDOM DOODLE OF THE DAY

MONTH: **DATE:**

RANDOM THOUGHTS OF THE DAY

ONE RANDOM MEMORY FROM MY CHILDHOOD

_____
_____
_____

WHAT RANDOM MUSIC DID I LISTEN TO TODAY?

A RANDOM DOODLE OF THE DAY

ONE RANDOM EXPERIENCE I HAD TODAY

ONE RANDOM GOOD DEED I DID TODAY

MONTH: **DATE:**

RANDOM THOUGHTS OF THE DAY

ONE RANDOM MEMORY FROM MY CHILDHOOD

_____
_____
_____

WHAT RANDOM MUSIC DID I LISTEN TO TODAY?

A RANDOM DOODLE OF THE DAY

ONE RANDOM EXPERIENCE I HAD TODAY

ONE RANDOM GOOD DEED I DID TODAY

MONTH: **DATE:**

RANDOM THOUGHTS OF THE DAY

ONE RANDOM MEMORY FROM MY CHILDHOOD

_____

_____

_____

WHAT RANDOM MUSIC DID I LISTEN TO TODAY?

_____

_____

ONE RANDOM EXPERIENCE I HAD TODAY

_____

_____

ONE RANDOM GOOD DEED I DID TODAY

_____

_____

A RANDOM DOODLE OF THE DAY

MONTH: **DATE:**

RANDOM THOUGHTS OF THE DAY

ONE RANDOM MEMORY FROM MY CHILDHOOD

___

___

___

WHAT RANDOM MUSIC DID I LISTEN TO TODAY?

___

___

___

ONE RANDOM EXPERIENCE I HAD TODAY

___

___

___

ONE RANDOM GOOD DEED I DID TODAY

___

___

___

A RANDOM DOODLE OF THE DAY

MONTH: **DATE:**

RANDOM THOUGHTS OF THE DAY

ONE RANDOM MEMORY FROM MY CHILDHOOD

___

___

___

WHAT RANDOM MUSIC DID I LISTEN TO TODAY?

___

___

ONE RANDOM EXPERIENCE I HAD TODAY

___

___

ONE RANDOM GOOD DEED I DID TODAY

___

___

A RANDOM DOODLE OF THE DAY

MONTH: **DATE:**

RANDOM THOUGHTS OF THE DAY

ONE RANDOM MEMORY FROM MY CHILDHOOD

_____
_____
_____

WHAT RANDOM MUSIC DID I LISTEN TO TODAY?

_____
_____

ONE RANDOM EXPERIENCE I HAD TODAY

_____
_____

ONE RANDOM GOOD DEED I DID TODAY

_____
_____

A RANDOM DOODLE OF THE DAY

MONTH: **DATE:**

RANDOM THOUGHTS OF THE DAY

ONE RANDOM MEMORY FROM MY CHILDHOOD

_____
_____
_____

WHAT RANDOM MUSIC DID I LISTEN TO TODAY?

A RANDOM DOODLE OF THE DAY

ONE RANDOM EXPERIENCE I HAD TODAY

ONE RANDOM GOOD DEED I DID TODAY

MONTH: **DATE:**

RANDOM THOUGHTS OF THE DAY

ONE RANDOM MEMORY FROM MY CHILDHOOD

WHAT RANDOM MUSIC DID I LISTEN TO TODAY?

A RANDOM DOODLE OF THE DAY

ONE RANDOM EXPERIENCE I HAD TODAY

ONE RANDOM GOOD DEED I DID TODAY

MONTH: **DATE:**

RANDOM THOUGHTS OF THE DAY

ONE RANDOM MEMORY FROM MY CHILDHOOD

_____

_____

_____

WHAT RANDOM MUSIC DID I LISTEN TO TODAY?

A RANDOM DOODLE OF THE DAY

_____

_____

ONE RANDOM EXPERIENCE I HAD TODAY

_____

_____

ONE RANDOM GOOD DEED I DID TODAY

_____

_____

MONTH: **DATE:**

RANDOM THOUGHTS OF THE DAY

ONE RANDOM MEMORY FROM MY CHILDHOOD

_____
_____
_____

WHAT RANDOM MUSIC DID I LISTEN TO TODAY?

A RANDOM DOODLE OF THE DAY

ONE RANDOM EXPERIENCE I HAD TODAY

ONE RANDOM GOOD DEED I DID TODAY

MONTH: **DATE:**

RANDOM THOUGHTS OF THE DAY

ONE RANDOM MEMORY FROM MY CHILDHOOD

_____
_____
_____

WHAT RANDOM MUSIC DID I LISTEN TO TODAY?

A RANDOM DOODLE OF THE DAY

ONE RANDOM EXPERIENCE I HAD TODAY

ONE RANDOM GOOD DEED I DID TODAY

MONTH: **DATE:**

RANDOM THOUGHTS OF THE DAY

ONE RANDOM MEMORY FROM MY CHILDHOOD

_____
_____
_____

WHAT RANDOM MUSIC DID I LISTEN TO TODAY?

A RANDOM DOODLE OF THE DAY

_____

ONE RANDOM EXPERIENCE I HAD TODAY

_____

ONE RANDOM GOOD DEED I DID TODAY

_____

MONTH: **DATE:**

RANDOM THOUGHTS OF THE DAY

ONE RANDOM MEMORY FROM MY CHILDHOOD

_____
_____
_____

WHAT RANDOM MUSIC DID I LISTEN TO TODAY?

A RANDOM DOODLE OF THE DAY

ONE RANDOM EXPERIENCE I HAD TODAY

ONE RANDOM GOOD DEED I DID TODAY

MONTH: **DATE:**

RANDOM THOUGHTS OF THE DAY

ONE RANDOM MEMORY FROM MY CHILDHOOD

_____
_____
_____

WHAT RANDOM MUSIC DID I LISTEN TO TODAY?

A RANDOM DOODLE OF THE DAY

ONE RANDOM EXPERIENCE I HAD TODAY

ONE RANDOM GOOD DEED I DID TODAY

MONTH: **DATE:**

RANDOM THOUGHTS OF THE DAY

ONE RANDOM MEMORY FROM MY CHILDHOOD

_____

_____

_____

WHAT RANDOM MUSIC DID I LISTEN TO TODAY?

_____

_____

A RANDOM DOODLE OF THE DAY

ONE RANDOM EXPERIENCE I HAD TODAY

_____

_____

ONE RANDOM GOOD DEED I DID TODAY

_____

_____

MONTH: **DATE:**

RANDOM THOUGHTS OF THE DAY

ONE RANDOM MEMORY FROM MY CHILDHOOD

WHAT RANDOM MUSIC DID I LISTEN TO TODAY?

A RANDOM DOODLE OF THE DAY

ONE RANDOM EXPERIENCE I HAD TODAY

ONE RANDOM GOOD DEED I DID TODAY

MONTH: **DATE:**

RANDOM THOUGHTS OF THE DAY

ONE RANDOM MEMORY FROM MY CHILDHOOD

WHAT RANDOM MUSIC DID I LISTEN TO TODAY?

A RANDOM DOODLE OF THE DAY

ONE RANDOM EXPERIENCE I HAD TODAY

ONE RANDOM GOOD DEED I DID TODAY

MONTH: **DATE:**

RANDOM THOUGHTS OF THE DAY

ONE RANDOM MEMORY FROM MY CHILDHOOD

_____
_____
_____

WHAT RANDOM MUSIC DID I LISTEN TO TODAY?

_____
_____

ONE RANDOM EXPERIENCE I HAD TODAY

_____
_____
_____

ONE RANDOM GOOD DEED I DID TODAY

_____
_____
_____

A RANDOM DOODLE OF THE DAY

MONTH: **DATE:**

RANDOM THOUGHTS OF THE DAY

ONE RANDOM MEMORY FROM MY CHILDHOOD

_____
_____
_____

WHAT RANDOM MUSIC DID I LISTEN TO TODAY?

_____
_____
_____

ONE RANDOM EXPERIENCE I HAD TODAY

_____
_____
_____

ONE RANDOM GOOD DEED I DID TODAY

_____
_____
_____

A RANDOM DOODLE OF THE DAY

MONTH: **DATE:**

RANDOM THOUGHTS OF THE DAY

ONE RANDOM MEMORY FROM MY CHILDHOOD

_____

_____

_____

WHAT RANDOM MUSIC DID I LISTEN TO TODAY?

_____

_____

ONE RANDOM EXPERIENCE I HAD TODAY

_____

_____

ONE RANDOM GOOD DEED I DID TODAY

_____

_____

A RANDOM DOODLE OF THE DAY

MONTH: **DATE:**

RANDOM THOUGHTS OF THE DAY

ONE RANDOM MEMORY FROM MY CHILDHOOD

_____
_____
_____

WHAT RANDOM MUSIC DID I LISTEN TO TODAY?

_____
_____
_____

ONE RANDOM EXPERIENCE I HAD TODAY

_____
_____
_____

ONE RANDOM GOOD DEED I DID TODAY

_____
_____
_____

A RANDOM DOODLE OF THE DAY

MONTH: **DATE:**

RANDOM THOUGHTS OF THE DAY

ONE RANDOM MEMORY FROM MY CHILDHOOD

_____
_____
_____

WHAT RANDOM MUSIC DID I LISTEN TO TODAY?

A RANDOM DOODLE OF THE DAY

_____
_____

ONE RANDOM EXPERIENCE I HAD TODAY

_____
_____

ONE RANDOM GOOD DEED I DID TODAY

_____
_____

MONTH: **DATE:**

RANDOM THOUGHTS OF THE DAY

ONE RANDOM MEMORY FROM MY CHILDHOOD

WHAT RANDOM MUSIC DID I LISTEN TO TODAY?

A RANDOM DOODLE OF THE DAY

ONE RANDOM EXPERIENCE I HAD TODAY

ONE RANDOM GOOD DEED I DID TODAY

MONTH: **DATE:**

RANDOM THOUGHTS OF THE DAY

ONE RANDOM MEMORY FROM MY CHILDHOOD

_____

_____

_____

WHAT RANDOM MUSIC DID I LISTEN TO TODAY?

A RANDOM DOODLE OF THE DAY

ONE RANDOM EXPERIENCE I HAD TODAY

ONE RANDOM GOOD DEED I DID TODAY

MONTH: **DATE:**

RANDOM THOUGHTS OF THE DAY

ONE RANDOM MEMORY FROM MY CHILDHOOD

_____
_____
_____

WHAT RANDOM MUSIC DID I LISTEN TO TODAY?

_____
_____

ONE RANDOM EXPERIENCE I HAD TODAY

_____
_____
_____

ONE RANDOM GOOD DEED I DID TODAY

_____
_____

A RANDOM DOODLE OF THE DAY

MONTH: **DATE:**

RANDOM THOUGHTS OF THE DAY

ONE RANDOM MEMORY FROM MY CHILDHOOD

_____
_____
_____

WHAT RANDOM MUSIC DID I LISTEN TO TODAY?

A RANDOM DOODLE OF THE DAY

_____
_____

ONE RANDOM EXPERIENCE I HAD TODAY

_____
_____

ONE RANDOM GOOD DEED I DID TODAY

_____
_____

MONTH: **DATE:**

RANDOM THOUGHTS OF THE DAY

ONE RANDOM MEMORY FROM MY CHILDHOOD

_____
_____
_____

WHAT RANDOM MUSIC DID I LISTEN TO TODAY?

_____
_____

ONE RANDOM EXPERIENCE I HAD TODAY

_____
_____
_____

ONE RANDOM GOOD DEED I DID TODAY

_____
_____
_____

A RANDOM DOODLE OF THE DAY

MONTH: **DATE:**

RANDOM THOUGHTS OF THE DAY

ONE RANDOM MEMORY FROM MY CHILDHOOD

_____
_____
_____

WHAT RANDOM MUSIC DID I LISTEN TO TODAY?

A RANDOM DOODLE OF THE DAY

ONE RANDOM EXPERIENCE I HAD TODAY

ONE RANDOM GOOD DEED I DID TODAY

MONTH: **DATE:**

RANDOM THOUGHTS OF THE DAY

ONE RANDOM MEMORY FROM MY CHILDHOOD

_____
_____
_____

WHAT RANDOM MUSIC DID I LISTEN TO TODAY?

_____
_____

ONE RANDOM EXPERIENCE I HAD TODAY

_____
_____

ONE RANDOM GOOD DEED I DID TODAY

_____
_____

A RANDOM DOODLE OF THE DAY

MONTH: **DATE:**

RANDOM THOUGHTS OF THE DAY

ONE RANDOM MEMORY FROM MY CHILDHOOD

___

WHAT RANDOM MUSIC DID I LISTEN TO TODAY?

ONE RANDOM EXPERIENCE I HAD TODAY

ONE RANDOM GOOD DEED I DID TODAY

A RANDOM DOODLE OF THE DAY

MONTH: **DATE:**

RANDOM THOUGHTS OF THE DAY

ONE RANDOM MEMORY FROM MY CHILDHOOD

_____
_____
_____

WHAT RANDOM MUSIC DID I LISTEN TO TODAY?

A RANDOM DOODLE OF THE DAY

_____
_____

ONE RANDOM EXPERIENCE I HAD TODAY

_____
_____

ONE RANDOM GOOD DEED I DID TODAY

_____
_____

www.ingramcontent.com/pod-product-compliance
Lightning Source LLC
Chambersburg PA
CBHW081233080526
44587CB00022B/3925